BEI GRIN MACHT SICH IHR WISSEN BEZAHLT

- Wir veröffentlichen Ihre Hausarbeit, Bachelor- und Masterarbeit

- Ihr eigenes eBook und Buch - weltweit in allen wichtigen Shops

- Verdienen Sie an jedem Verkauf

Jetzt bei www.GRIN.com hochladen
und kostenlos publizieren

Individuelle Trainingsplanung im Fitness- und Gesundheitssport. Analyse, Zielsetzung und Umsetzung

Bibliografische Information der Deutschen Nationalbibliothek:

Die Deutsche Nationalbibliothek verzeichnet diese Publikation in der Deutschen Nationalbibliografie; detaillierte bibliografische Daten sind im Internet über http://dnb.d-nb.de abrufbar.

ISBN: 9783389012857
Dieses Buch ist auch als E-Book erhältlich.

© GRIN Publishing GmbH
Trappentreustraße 1
80339 München

Druck und Bindung: Books on Demand GmbH, Norderstedt Germany
Gedruckt auf säurefreiem Papier aus verantwortungsvollen Quellen

Das vorliegende Werk wurde sorgfältig erarbeitet. Dennoch übernehmen Autoren und Verlag für die Richtigkeit von Angaben, Hinweisen, Links und Ratschlägen sowie eventuelle Druckfehler keine Haftung.

Das Buch bei GRIN: https://www.grin.com/document/1466041

1 Diagnose

Um einen individuell an den Kunden angepassten Trainingsplan erstellen zu können wurde der Kunde zu einem Erstgepräch eingeladen. In diesem Teilschritt wurden allgemeine Daten wie Alter, Geschlecht und die Körpergröße und verschiedene biometrische Daten (Blutdruck, allgemeiner Gesundheitszustand) des Kunden gesammelt, dokumentiert und anschließend bewertet (Tabelle 1 und 2). Außerdem wurde über das aktuelle Trainingsmotiv, die Wünsche und das Zeitbudget des Kunden gesprochen. Die unten zusammengefassten Daten bilden die Basis der Zielsetzung des Kunden.

1.1 Allgemeine und biometrische Daten

Die allgemeinen und biometrischen Daten des Kunden ergaben sich aus einer Befragung verschiedenen biometrischen Messverfahren wie folgt:

Tabelle 1 Kundenspezifische Daten zur Diagnostik

Allgemeine Daten		
Alter	27 Jahre	
Geschlecht	Männlich	
Körpergröße	200 cm	
Berufliche Tätigkeit	Steuerfachangestellter, sitzende Tätigkeit	
Wünsche/Vorstellungen	Reduktion des Übergewichts, Muskelmasse aufbauen	
Frühere sportl. Aktivitäten (2016 – 2017)	Basketballtraining (1 Mal/Woche), Basketballtunier circa alle 2 bis 3 Wochen am Wochenende (Bezirksliga), zeitweise Ganzkörpertraining im Fitnessstudio	
Aktuelle sportl. Aktivitäten 2018 -	Basketballtraining (2 Mal/Woche), Basketballtunier circa alle 2 bis 3 Wochen am Wochenende (Landesliga)	
Aktueller zeitl. Verfügungsrahmen	2 bis 3 Mal pro Woche für 1 ½ Stunden	
Biometrische Daten (Erfassung mit der OMRON HBF-511B Körperfettwaage)		
	Norm	**Bewertung**
Körpergewicht: 117,5 kg	-	-
Körperfettanteil: 31,6%	8% – 20% (Gallagher et al., 2000)	Sehr hoch
Muskelanteil: 31,9%	43% (VidaGesund)	Niedrig
Taille-Hüft-Quotient: 0.98	>102 (Folsom et al., 2000)	Gynoide Form
Ruheherzfrequenz: 64	60 – 85 (WHO)	Normal
Blutdruck: 143/79	120/80 (WHO)	Systolische Hypertonie
Allgemeiner Gesundheitszustand und mögliche Risiken		
Krankheiten	Keine	
Orthopädische Probleme	Bänderriss im Kniegelenk am rechten Bein (Frühjahr 2018), regelmäßig auftretende Schmerzen in Fußgelenk und Kniegelenk (rechts), häufige Rückenschmerzen	
Medikamenteneinnahme	Teilweise Ibuprofen bei Schmerzen	
Einschätzung des allgemeinen Gesundheitszustandes	Vorliegende orthopädische Einschränkungen sollten durch gelenkschonendes und Muskelaufbau förderndes (stabilisierendes) Training gelindert werden um einer Verschlimmerung des Zustandes entgegenzuwirken	

1.2 Krafttestung

Der Kunde wurde zunächst über den Testablauf informiert. Begonnen wurde dann mit einem 15-minütigen, allgemeinen Aufwärmprogramm auf dem Sitzfahrrad bei einer durchschnittlichen Herzfrequenz von 133 Schlägen pro Minute. Danach wurde ein spezielles Aufwärmen mit jeweils 2 Testsätzen pro Übung à 8 Wiederholungen durchgeführt. Es wurden alle für die Krafttestung vorgesehenen Übungen während des speziellen Aufwärmens durchgeführt, um durch eine bestmögliche Aufwärmung, Verletzungen während der Krafttestung zu vermeiden. Zwischen jedem Testsatz wurde für eine Minute pausiert. Danach folgte eine Kraftdiagnostik nach der Individuellen-Leistungsbild-Methode nach DeLorme und Watkins (1951).

1.2.1 Auswahl des Testverfahrens

Die ILB-Methode wurde als Testverfahren ausgewählt, da sie speziell für den Fitness- und Gesundheitssport entwickelt wurde und auf trainingspraktischen Erfahrungen basiert (DeLorme & Watkins, 1951). Die ILB-Methode gibt des Weiteren Grobraster und Empfehlungen zur Einstufung der Belastungsparameter an, die es erleichtern die methodischen Ansätze in die Praxis umzusetzen.

1.2.2 Testablauf

Es wird davon ausgegangen, dass der Kunde nur wenig Erfahrung im Bereich des Krafttrainings mitbringt, da lediglich über einen Zeitraum von über einem Jahr regelmäßiges Krafttraining ausgeführt worden ist, das zu diesem Zeitpunkt über ein Jahr zurückliegt.

Nach dem allgemeinen Aufwärmen und dem speziellen Aufwärmen (siehe Punkt 1.2), wurde eine Kraftdiagnostik nach der ILB-Methode durchgeführt. Der Kunde wurde bereits während des speziellen Aufwärmens mit jeder Übung oder Maschine vertraut gemacht, sodass eine korrekte Ausführung während des Tests garantiert werden konnte. Begonnen wurde mit drei Sätzen à acht Wiederholungen an der Beinpresse. Hier konnte der Kunde mehr als sein eigenes Körpergewicht bewältigen, jedoch wurde das Gewicht auf Grund der Knieverletzung am Anfang des Jahres nicht erhöht um einer möglichen erneuten Verletzung vorzubeugen. Der zweite Test wurde an der Latzug Maschine (vertikal) durchgeführt. Das gestemmte Maximalgewicht betrug 50 kg. Es wurde mit 35 kg und acht Wiederholungen begonnen, dann wurde auf 45 kg und schließlich auf 50 kg gesteigert. Der dritte Test wurde an der Brustpresse horizontal durchgeführt. Der Kunde ist hier mit einem Gewicht von 60 kg eingestiegen. Das Startgewicht zeigte sich als nur sehr schwer zu bewältigen, daraufhin wurde auf 55 kg im zweiten Testsatz und auf 45 kg im dritten Testsatz reduziert. Den vierten Test führte der Kunde an der Bizeps Maschine durch. Hier wurde mit einem Gewicht von 20 kg gestartet, was sich über 30 kg auf schließlich 35 kg steigern lassen konnte. Der fünfte Test an der Rumpfflexion Maschine wurde mit einem Gewicht von 45 kg begonnen. Das Gewicht konnte dann auf 50 kg im zweiten und dritten Testsatz gesteigert werden. An der Rumpfextension Maschine wurde der sechste Test durchgeführt. Dort erreichte der Kunde ein Endgewicht von 40 kg bei acht Wiederholungen und steigerte sich von 30 kg, über 35 kg im zweiten Testsatz. Der letzte Test wurde an der Trizeps Maschine ausgeführt. Hier konnte der Kunde im ersten Testsatz 20 kg, im zweiten 25 kg und im dritten Testsatz ebenfalls 25 kg bewältigen. Zwischen jedem Übungssatz wurde eine dreiminütige Pause eingelegt.

Anschließend an den Test erfolgte ein „Cool-down" in Form von verschiedenen Dehnübungen um den zuvor erzeugten Muskeltonus zu senken.

1.2.3 Testgewichte, Testsätze und Testendergebnisse

In der folgenden Tabelle sind alle Testgewichte, Testsätze und Testendergebnisse der Krafttestung des Kunden nach der ILB-Methode aufgeführt.

Tabelle 2 Kraftdiagnostik nach der ILB-Methode

Mehrwiederholungskraft Test (8 Wiederholungen)							
Testübung	WH*	Pause/Satz	TUT**	1.Testsatz	2.Testsatz	3.Testsatz	Ergebnis
Beinpresse	8	3 Minuten	2/0/2	120 kg	130 kg	130 kg	130 kg
Latzug vertikal	8	3 Minuten	2/0/2	35 kg	45 kg	50 kg	50 kg
Brustpresse horizontal	8	3 Minuten	2/0/2	60 kg	55 kg	45 kg	45 kg
Bizeps Maschine	8	3 Minuten	2/0/2	20 kg	30 kg	35 kg	35 kg
Rumpfflexion Maschine	8	3 Minuten	2/0/2	45 kg	50 kg	50 kg	50 kg
Rumpfextension Maschine	8	3 Minuten	2/0/2	30 kg	35 kg	40 kg	40 kg
Trizeps Maschine	8	3 Minuten	2/0/2	20 kg	25 kg	25 kg	25 kg

*Wiederholungen; **Time under tension (Anspannungszeit)

1.2.4 Schlussfolgerung für die weitere Trainingssteuerung

An Hand des ILB-Grobrasters können alle Belastungsparameter aus der oben aufgeführten Kraftdiagnostik herausgelesen werden. Das Raster ermöglicht eine progressive Anpassung aller Belastungsparameter und Trainingsparameter mit zunehmender Leistungsstufe des Kunden.

Als Instrument des intraindividuellen Leistungsvergleichs, kann der X-RM-Test nach der ILB-Methode bei konsequenter und exakter Standardisierung der Testrahmenbedingungen, des Testablaufs und der Testmethodik dienen. So können der zeitliche Ablauf und die Auswahl der Übungen beziehungsweise Trainingsmethoden mit Hilfe der dokumentierten Ergebnisse der Krafttestung, geplant werden.

Die Möglichkeit der Ableitung von Trainingsintensitäten, ist deutlich mehr gegeben als beim 1-RM-Test. Daher ist die ILB-Methode oder der X-RM-Test besonders gut für eine genaue Abstufung oder Steigerung der Intensitäten geeignet. So kann individuell für jeden Kunden ein genau auf sie oder ihn abgestimmter Trainingsplan erstellt werden.

2 Zielsetzung/Prognose

An Hand der oben aufgelisteten biometrischen Daten und Ergebnisse der Krafttestung nach der ILB-Methode (DeLorme & Watkins, 1951) lautet die Zielsetzung wie folgt:

Tabelle 2 Zielsetzung

Ableitung von Zielen:		
Inhalt:	*Ausmaß:*	*Zeit:*
Hypertrophie	25% 35% je nach Muskel (Mac Dougall, 1986a)	6 Monate
Inhalt:	*Ausmaß:*	*Zeit:*
Reduzierung des Körperfettanteils	Bis zu 9% (Herm, 2003)	6 Monate
Inhalt:	*Ausmaß:*	*Zeit:*
Senkung des Blutdrucks	Normaler Blutdruck bei Annahme der Gewichtsreduktion von circa 10 kg (Sorace, Ronai & Churilla, 2013a)	6 Monate
Inhalt:	*Ausmaß:*	*Zeit:*
Schmerzreduktion	Subjektive Schmerzlinderung nach einer numerischen Ratingskala (Grünenthal GmbH, 2018)	1-2 Monate

2.1 Ziel 1: Hypertrophie

Auf Grund der sehr niedrig ausgeprägten Gesamtmuskelmasse des Kunden (31,9%) im Vergleich zum Normwert für Männer von 43%, soll die Muskelmasse langfristig vermehrt werden. Das Ziel wird verfolgt, da der Kunde den Wunsch nach einem muskulöseren Brust- und Armbereich äußerte und durch eine Vermehrung der Muskelmasse gleichzeitig der Energieverbrauch ansteigt. Da dies eine gesteigerte Fettverbrennung impliziert, kann im gleichen Zug eine mittelfristige Senkung des Körperfettanteils des Kunden erreicht werden.

2.2 Ziel 2: Körperfettreduktion

Da der Kunde mit einem Körperfettanteil von 31,6% schon deutlich im sehr hohen Bereich (>25%, Alter von 20-39 Jahren) der Klassifikation des Körperfettanteils für Männer liegt (Gallagher et al., 2000), soll dieser Wert auf Grund zahlreicher gesundheitsschädlicher Risiken (z.B. Erhöhung des Risikos für Hypertonie, Diabetes mellitus Typ-2 oder Krebsentstehung) um circa 9% gesenkt werden. Dieses Ziel soll auch im Zuge der Hypertrophie, durch vermehrtes Krafttraining mittelfristig erreicht werden.

2.3 Ziel 3: Senkung des Blutdrucks

Infolge des Verdachts einer systolischen Hypertonie des Kunden, wird eine Blutdrucksenkung angestrebt. Verschiedene Studien haben gezeigt, dass Krafttraining, insbesondere Kraftausdauertraining im Zirkel, einen positiven Effekt auf den Blutdruck haben kann (Kelly, 1997). Diese Verbesserung wird durch eine Zunahme der Größe und Anzahl der Mitochondrien und der aeroben Enzyme in den Muskelzellen erreicht (Zimmermann, 2000). Des Weiteren wird auch durch das angestrebte Reduzieren des Körperfettanteils der Blutdruck positiv beeinflusst. Pro Kilogramm Körpergewicht wird der Kunde voraussichtlich eine Verringerung von etwa 3 mmHg des systolischen Blutdrucks und eine Verringerung von circa 2 mmHg des diastolischen Blutdrucks erreichen können.

2.4 Ziel 4: Schmerzreduktion

Neben den oben aufgeführten Zielen, soll ebenfalls eine Schmerzreduktion erreicht werden und das durch einen Sportunfall immer noch instabile Kniegelenk stabilisiert werden.

Viele Studien bestätigen, dass ein moderates und an den Kunden angepasstes Krafttraining, dass Rückenprobleme und chronische Schmerzen positiv beeinflussbar sind (Denner, 1998). Daher soll auch bei unserem Kunden eine Linderung der Schmerzen und Stabilisierung der verletzten Bereiche durch ein individuell an ihn angepasstes Training erreicht werden. Wie bei Punkt 2.3 aufgeführt, wirkt auch hier eine Abnahme des Körperfettanteils und damit auch des Körpergewichts, positiv auf die Schmerzreduktion.

3 Trainingsplanung Makrozyklus

Im Folgenden wurde nach der ILB-Methode ein sechsmonatiger Makrozyklus Trainingsplan bestehend aus vier Mesozyklen à 6 Wochen erstellt.

Tabelle 3 Darstellung Makrozyklus

	Mesozyklus 1	Mesozyklus 2	Mesozyklus 3	Mesozyklus 4
Dauer	6 Wochen	6 Wochen	6 Wochen	6 Wochen
Trainingsziel	Kraftausdauer	Übergangstraining	Muskelaufbautraining (intensiv)	Muskelaufbautraining (extensiv)
Organisationsform	GK	GK	GK	GK
Häufigkeit/Woche	2/Woche	2/Woche	2/Woche	3/Woche
Übungen/Muskel	1/Muskel	1/Muskel	1/Muskel	1/Muskel
Sätze/Übung	2/Übung	2/Übung	2/Übung	2/Übung
Belastungsdauer	40 Sek.	40 Sek.	40 Sek.	40 Sek.
Wiederholungen	15	12	8	6
Satzpausen	120 Sek.	100 Sek.	80 Sek.	60 Sek.
Intensität	50-70% des ILB Testergebnis	50-70% des ILB Testergebnis	50-70% des ILB Testergebnis	50-70% des ILB Testergebnis
Bewegungstempo	2/0/2	2/0/2	2/0/2	2/0/2

3.1 Trainingsmethode(n)

Da als Ausgangsform der Trainingsmethoden die ILB-Methode gewählt worden ist, weißt die Makrozyklus Trainingsplanung die folgenden klassischen ILB-Methoden für einen Beginner auf: Kraftausdauer, Übergangstraining, Hypertrophie- und Maximalkrafttraining. Dieser Ablauf ermöglicht eine einfach umsetzbare progressive Trainingsplanung.

3.2 Belastungsparameter

Im Folgenden werden die im Makrozyklus aufgeführten Belastungsparameter begründet.

3.2.1 Belastungshäufigkeit

Da Wirth et al. (2007) in einer Studie herausfinden konnten, dass zwei Trainingseinheiten in der Woche einen deutlich größeren Muskelzuwachs erzielen konnten als nur eine Trainingseinheit, und aber drei Trainingseinheiten in der Woche nur einen gering höheren Effekt erzielten, soll der Kunde zwei Trainingseinheiten in der Woche ausüben. Obwohl Fröhlich und Schmidtbleicher (2008) drei Trainingseinheiten die Woche empfehlen, soll der Kunde, da er als Trainingsbeginner eingestuft wird und zusätzlich zwei Basketball-Trainingseinheiten in der Woche absolviert, jedoch nur zweimal die Woche trainieren.

3.2.2 Belastungsintensität

Um eine Hypertrophie erzielen zu können wurde als Belastungsintensität eine Gewichtslast von mindestens 50% der zu bewältigenden Maximalkraft ausgewählt (Güllich &

Schmidtbleicher, 1999). Wegen der verschiedenen Beschwerden des Kunden besteht ein höheres Verletzungsrisiko, da eine Überlastung möglicherweise schneller erreicht wird als bei einem gesunden Menschen. Deswegen, und weil nach Buskies (1999) auch ein submaximales Krafttraining zu einer signifikanten Kraftsteigerung führen kann, wird von einem Krafttraining bis zum Muskelversagen abgesehen.

3.2.3 Belastungsdauer

Fröhlich, Schmidtbleicher und Emrich (2002b) empfehlen für ein Hypertrophietraining eine Belastungsdauer von 20-50 Sekunden. Daher wurde für unseren Kunden eine Belastungsdauer von 40 Sekunden ausgewählt, die damit im Hypertrophiebereich liegt.

3.2.4 Belastungsumfang

Für den Kunden wurde ein Belastungsumfang von einer Übung pro Muskel und je zwei Sätzen ausgewählt, da dies nach Wolfe et al. (2004) für eine zu erzielende Kraftsteigerung bei einem Trainingsbeginner ausreichend ist. Auch weil ein Training bis zum Muskelversagen wegen verschiedener gesundheitlicher Risiken (Laktatanstieg, Anstieg der Cortisolkonzentration) vermieden werden soll, wird der Kunde ein Training mit einem geringen Volumen ausführen (Ahtiainen et al., 2003).

3.2.5 Belastungsdichte

Da von Buresh, Berg und French (2008) gezeigt werden konnte, dass kurze Satzpausen von circa 60 Sekunden, gerade bei Trainingsanfängern in den ersten fünf Wochen starke hormonelle Reaktionen wie eine erhöhte Ausschüttung von Cortisol auslösen können, beginnt der Kunde mit einer Belastungsdichte von 120 Sekunden. Sobald die ersten fünf Trainingswochen bewältigt worden sind, wird die Belastungsdichte langsam verringert, um den Kunden an die kürzeren Pausen zu gewöhnen.

3.3   Organisationsform(en)

Da der Kunde zeitlich aktuell nur maximal zwei Trainingseinheiten in der Woche absolvieren kann, wurde für den ersten Mesozyklus ein Ganzkörpertraining ausgewählt. Hierdurch können möglichst viele Muskelgruppen in relativ geringer Zeit trainiert werden. Um nach dem Prinzip der variierenden Belastung einen optimalen Trainingseffekt zu erzielen und die Motivation des Kunden aufrecht zu erhalten, wird von Mesozyklus eins bis 4 zwischen einem Ganzkörper- und einem Zirkeltraining gewechselt.

3.4 Periodisierung

Um den Kunden an das steigende Leistungsniveau zu gewöhnen, wurde eine als Organisationsform eine lineare Periodisierung ausgewählt. Begonnen wird in der „Orientierungsphase" mit einem umfangsorientierten Training, dass von einem Kraftausdauertraining dann in der 13. Woche zu einem extensiven Muskelaufbautraining übergeht um den Trainingsanfänger langsam an ein Hypertrophietraining heranzuführen. Im Hinblick auf die anversierten Anpassungseffekte der einzelnen Mesozyklen, soll zunächst eine Gewichtsreduktion mit einhergehender Senkung des Körperfettanteils und des Blutdrucks durch ein Kraftausdauertraining erzielt werden. Im dritten Mesozyklus wird dann mit der Spezialisierung auf ein Hypertrophietraining begonnen um einen langfristigen Anstieg der Muskelmasse garantieren zu können.

4 Trainingsplanung Mesozyklus

In der folgenden Tabelle wird der erste Mesozyklus des oben dargestellten Makrozyklus der Trainingsplanung genauer aufgezeigt.

Tabelle 4 Darstellung Mesozyklus 1

Mesozyklus 1		Ausgewählte Übungen
Zyklusdauer	6 Wochen	Beinpresse
Trainingsziel	Senkung des Körperfettanteils (und Gewöhnung an das Training)	Latzug vertikal
Einheiten/Woche	2 Einheiten die Woche	Brustpresse horizontal
Organisationsform	Ganzkörpertraining	Bizeps Maschine
Übungen/Muskel	1 Übung pro Muskel	Rumpfflexion Maschine
Satz/Übung	2 Sätze pro Übung	Rumpfextension Maschine
Satzpausen	120 Sekunden	Trizeps Maschine
Wiederholungsanzahl	15	
Intensität	50-70% des ILB Testergebnis	
Bewegungstempo	2/0/2	

4.1 Konzept der Übungsauswahl

Als Konzept der Übungsauswahl wurde das Krafttraining an geführten Maschinen gewählt. Dieses Konzept wurde ausgewählt, da der Kunde als Krafttrainingsbeginner einzustufen ist und somit ein großes Risiko der falschen Ausführung der Übungen oder einer

Verletzung durch ein Training mit freien Gewichten bestehen könnte. Beim Krafttraining an geführten Maschinen kann eine individuelle Geräteeinstellung erfolgen und Muskeln können durch geführte Bewegungsmuster besser isoliert trainiert werden. Dies fordert insbesondere ein stabilisierendes Training, das beim Kunden vor allem im Kniebereich erforderlich ist. Außerdem ist diese Art des Trainings sehr einfach zu erlernen und daher ein guter Trainingseinstieg für Anfänger. Erfolgserlebnisse sind dadurch garantiert und die Motivation des Kunden wird fördert.

4.1.1 Übung: Beinpresse

Bei der Übung „Beinpresse" trainiert der Kunde die folgenden Muskeln: vierköpfiger Oberschenkelmuskel, Beinbizeps, großer Gesäßmuskel. Bei der Beinpresse werden nahezu fast alle Muskeln der Beine und des Gesäßes trainiert. Diese Übung soll bei unserem Kunden vor allem auch die Muskulatur um das Kniegelenk herum stärken (Winkin-Verlag UG).

4.1.2 Übung: Latzug vertikal

An der Latzug Maschine (vertikal) werden vor allem folgende Muskeln trainiert: Breiter Rückenmuskel, untere Fasern des Kapuzenmuskels, großer und kleiner Rautenmuskel, großer Rundmuskel. Diese klassische Variante ist die effektivste und gelenkschonendste Ausführung des Latzugs und daher gut für unseren Kunden als Trainingsbeginner geeignet. Durch das Trainieren am Latzug wird auch der vom Kunden angestrebte, breitere Bau des Oberkörpers gefördert („V-Form") (Winkin-Verlag UG).

4.1.3 Übung: Brustpresse horizontal

Bei der Übung „Brustpresse horizontal" wird überwiegend der große Brustmuskel trainiert. Die Brustpresse ist eine der bekanntesten Übungen zum Trainieren der Brustmuskulatur. Durch diese Übung kann der Kunde ebenfalls seinen Wunsch der vermehrten Brustmuskulatur verwirklichen. Die Übung ist einfach auszuführen und es besteht ein sehr geringes bis kaum vorhandenes Verletzungsrisiko (Winkin-Verlag UG).

4.1.4 Übung: Bizeps Maschine

Beim Training an der Bizeps Maschine wird vor allem der Bizeps der Armmuskulatur beansprucht. Außerdem werden auch die vordere und untere Armmuskulatur und der Armbeuger trainiert. Durch das trainieren dieser Muskeln kann der Kunde alltägliche Situationen wie z.B. das Tragen von Getränkekästen in den zweiten Stock besser bewältigen und bei seiner Freizeitsporttätigkeit mehr Druck auf den Basketball ausüben und somit eine bessere Wurfkraft entwickeln (fitnessmarkt.de services GmbH, 2014).

4.1.5 Übung: Rumpfflexion Maschine

Bei der Übung „Crunches am Gerät" an der Rumpfflexion Maschine werden vorrangig folgende Muskeln trainiert: gerader Bauchmuskel, pyramidenförmiger Muskel. Der Schwierigkeitsgrad der Übung ist niedrig und durch die Unterstützung der Maschine kann bei der Übung Gewicht verwendet werden. „Crunches" am Boden sind für Anfänger häufig wegen zu wenig ausgeprägter Bauchmuskulatur sehr anstrengend, daher ist die Übung an der Maschine für unseren Kunden besser geeignet (Winkin-Verlag UG).

4.1.6 Übung: Rumpfextensions Maschine

Bei der Übung „Rückenstrecken am Gerät" an der Rumpfextesions Maschine wird der Rückenstrecker trainiert. Durch das Training der unteren Rückenmuskulatur kann der Schmerzlinderung des Kunden zugetragen werden und die allgemeine Stabilität des Rumpfes verbessert werden (Winkin-Verlag UG).

4.1.7 Übung: Trizeps Maschine

Bei der Übung an der Trizeps Maschine wird der Trizeps der Armmuskulatur trainiert. Da der Kunde den Bizeps der Armmuskulatur trainieren soll, ist es sinnvoll den Antagonisten dieses Muskels ebenfalls zu trainieren – den Trizeps. Dies beugt Dysbalancen der Muskeln vor und sorgt für eine gleichmäßige Zunahme der Muskelmasse an den Armen (fitnessmarkt.de services GmbH, 2014).

5 Literaturrecherche

Für die Literaturrecherche wurde das Thema „Effekte des Krafttrainings bei Rückenbeschwerden („low back pain" bzw. „LWS-Syndrom") ausgewählt. Hierzu wurden zwei Studien recherchiert und in der untenstehenden Tabelle miteinander verglichen:

Tabelle 5 Studienvergleich

Studie	Krafttrainingstherapie bei männlichen Polizeibeamten mit chronischen lumbalen Rückenschmerzen - Wirksamkeit psychologisch-pädagogischer Interventionen.	Progressives dynamisches Krafttraining als Behandlungsmaßnahme bei Patienten mit chronischen Rückenschmerzen
Wer hat die Studie durchgeführt?	D. Kirchhoff, S. Kopf und I. Böckelmann	P. Weishaupt, A. Hofmann,
In welchem Jahr wurde die Studie durchgeführt?	2015	1999
Mit welchen Versuchspersonen wurde die Studie durchgeführt?	64 männliche Polizeibeamte mit chronischen lumbalen Rückenschmerzen im Durchschnittsalter von 47,0± 7,2 Jahren	15 Personen (10 Frauen, 5 Männer) im Alter von 25 und 64 Jahren mit Bandscheibenschaden in der Lendenwirbelsäule und einer durchschnittlichen Schmerzdauer von 11,5 Jahren
Wie sah der Versuchsaufbau der Studie aus?	In diese prospektive kontrollierte Studie wurden 64 männliche Polizeibeamte mit chronischen lumbalen Rückenschmerzen eingeschlossen (47,0 ± 7,2 Jahre; Body-Mass-Index 28,3 ± 3,9 kg/m2). Die 32 Patienten der Kontrollgruppe (KG) erhielten 24 isolierte Krafttrainingstherapien. Die 32 Patienten der Experimentalgruppe (EG) erhielten zusätzlich psychologisch-pädagogische Interventionen. Vor Beginn und nach Beendigung der Therapie erfolgte die Evaluation der Kraft der Rumpfmuskulatur, des Angst-Vermeidungsverhaltens mittels des Fear-Avoidance-Beliefs-Questionnaire (FABQ) und der lumbalen Schmerzintensität mittels der visuellen Analogskala (VAS).	Das Trainingsprogramm dauerte 12 Wochen, trainiert wurde zweimal in der Woche für 60 Minuten. Nach sechs Wochen erfolgte eine Trainingssteuerung eine weitere Analyse im Abstand von 10 Tagen.
Welche relevanten Ergebnisse und Schlussfolgerungen lieferte die Studie?	Die Patienten beider Gruppen verbesserten während der Therapie deutlich die Kraft ihrer Rumpfmuskulatur, das Angst-Vermeidungsverhalten nahm ab, und sie hatten weniger Schmerzen. Nach der Therapie war die EG signifikant besser als die KG hinsichtlich des FABQ und der VAS. Eine gerätegestützte Krafttrainingstherapie der Rumpfmuskulatur kann die Beschwerden von Patienten mit chronischen lumbalen Rückenschmerzen deutlich lindern. Durch zusätzliche gezielte psychologisch-pädagogische Interventionen kann dieser positive Effekt signifikant verbessert werden.	Die isometrische Maximalkraft der Wirbelsäule verbesserte sich durchschnittlich um 32,7%. Die Rumpfflexoren adaptierten stärker als die Rumpfextensoren. 43,8% der Teilnehmer erreichten vollständige Beschwerdefreiheit. Bei allen Patienten kam es zu einer Reduktion der Schmerzintensität.

6   Literaturverzeichnis

Ahtiainen, J. P., Pakarinen, A., Kraemer, W. J. & Häkkinen, K. (2003). Acute hormonal and neuromuscular responses and recovery to forced vs maximum repetitions multiple resistance exercise. International journal of sports medicine, 24 (6), 410-418

Buresh, R., Berg, K. & French, J. (2008). The effect of resistive exercise rest interval on hormonal response, strength, and hypertrophy with training. Journal of Strength and Conditioning Research, 23 (1), 62-71

Buskies, W. & Boeckh-Behrens, W.-U. (1999). Probleme bei der Steuerung der Trainingsintensität im Krafttraining auf der Basis von Maximalkrafttests. Leistungssport, 29 (3), 4-8

DeLorme, T. L. & Watkins, A. L. (1951). Progressive resistance exercise. Technic and medical application. New York: Appleton-Century-Crofts

Fröhlich, M. & Schmidtbleicher, D. (2008). Trainingshäufigkeit im Krafttraining – ein metaanalytischer Zugang. Deutsche Zeitschrift für Sportmedizin, 59 (2), 4-12

Fröhlich, M., Schmidtbleicher, D. & Emrich, E. (2002b). Belastungssteuerung im Muskelaufbautraining – Belastungsnormativ Intensität versus Wiederholungszahl. Deutsche Zeitschrift für Sportmedizin, 53 (3), 79-83

fitnessmarkt.de services GmbH (2014). Wie trainiert man richtig mit der Bizeps Maschine? Tipps zum Training mit Bizeps Maschine. Zugriff am 30.10.2018. Verfügbar unter   https://www.fitnessmarkt.de/magazine/article/wie-trainiert-man-richtig-mit-der-bizeptsmaschine-tipps-zum-training-mit-bizepsmaschine

fitnessmarkt.de services GmbH (2014). Wie trainiert man richtig mit der Bizeps Maschine? Tipps zum Training mit Bizeps Maschine. Zugriff am 30.10.2018. Verfügbar unter   https://www.fitnessmarkt.de/magazine/article/wie-trainiert-man-richtig-mit-der-bizeptsmaschine-tipps-zum-training-mit-bizepsmaschine

Gallagher, D., Heymsfield, S.B., Heo, M. et al (2000). Healthy percentage body fat ranges: an approach for developing guidelines based on body mass index. Am. J. Clin. Nutr. 72(3): 694-701

Grünenthal GmbH (2018). Numerische Ratingskala. Aachen

Herm, K. P. (2003). Methoden der Körperfettbestimmung. Deutsche Zeitschrift für Sportmedizin, 54 (5), 153-154

Kelly, G. (1997). Dynamic resistance exercise and testing blood pressure in addults: A meta-analysis. Journal of Applied Physiology, 82, 1559-1565. Journal of Applied Physiology, 82, 1559-1565

Kirchhoff, D., Kopf, S. & Böckelmann, I. (2015). Krafttrainingstherapie bei männlichen Polizeibeamten mit chronischen lumbalen Rückenschmerzen. Wirksamkeit psychologisch-pädagogischer Interventionen. Zbl Arbeitsmed 2016, 66:10–19. Berlin Heidelberg: Springer-Verlag

Mac Dougall, J. D. (1986a). Adaptability of muscle to strength training – a cellar approach. In B. Saltin (Hrsg.), Biochemistry of exercise (VI, Bd. 16, S. 501-513). Champaign, IL: Human Kinetics

Sorace, P., Ronai, P. & Churilla, J. R. (2013a). Resistance training for metabolic syndrome: Part I. Strength and Conditioning Journal, 35 (4), 64-67

Weishaupt, P. & Hofmann, A. (2018). Progressives dynamisches Krafttraining als Behandlungsmaßnahme bei Patienten mit chronischen Rückenschmerzen. Manuelle Therapie 3 (1999) 60-65. Stuttgart – New York: Georg Thieme Verlag

Winkin-Verlag UG. Beinpresse. Zugriff am 30.10.2018. Verfügbar unter https://www.uebungen.ws/beinpresse/

Winkin-Verlag UG. Brustpresse: Zugriff am 30.10.2018. Verfügbar unter https://www.uebungen.ws/brustpresse/

Winkin-Verlag UG. Crunches am Gerät. Zugriff am 30.10.2018. Verfügbar unter https://www.uebungen.ws/crunches-am-geraet/

Winkin-Verlag UG. Latzug. Zugriff am 30.10.2018. Verfügbar unter https://www.uebungen.ws/latzug/

Winkin-Verlag UG. Rückenstrecken am Gerät. Zugriff am 30.10.2018. Verfügbar unter https://www.uebungen.ws/rueckenstrecken-am-geraet/

Winkin-Verlag UG. Trizepsdrücken am Kabelzug. Zugriff am 30.10.2018. Verfügbar unter https://www.uebungen.ws/trizepsdruecken-am-kabelzug/

Wirth, K., Atzor, K. R. & Schmidtbleicher, D. (2007). Veränderungen der Muskelmasse in Abhängigkeit von Trainingshäufigkeit und Leistungsniveau. Deutsche Zeitschrift für Sportmedizin, 58 (6), 178-183

Wolfe, B. L., Le Mura, L. & Cole, P. J. (2004). Quantitative analysis of single-vs. multiple-set programs in resistance training. Journal of Strength and Conditioning Research, 18 (1), 35-47

Zimmermann, K. (2002). Gesundheitsorientiertes Muskelkrafttraining. Theorie, Empirie, Praxisorientierung (Beiträge zur Lehre und Forschung im Sport, Bd. 127, 2., unverändert. Aufl). Schorndorf: Hofmann

7 Abbildungs- und Tabellenverzeichnis

7.1 Tabellenverzeichnis